VIE
DE LA FAYETTE.

VIE

PUBLIQUE ET PRIVÉE

DE M. LE MARQUIS

DE LAFAYETTE,

AVEC DES DÉTAILS

SUR L'AFFAIRE DU 6 OCTOBRE, etc.

1791.

VIE

DE LAFAYETTE.

Il seroit sans doute superflu d'avertir mon lecteur, que cet ouvrage ne peut être considéré que comme la premiere partie de la vie du Marquis de Lafayette. Son âge lui laisse encore l'espoir d'une longue carriere à parcourir, et l'avenir offrira peut-être des matériaux intéressans à celui qui entreprendra la continuation de son histoire. Quoi qu'il en soit, comme il a joué un des principaux rôles dans l'étonnante révolution dont la fin paroît encore incertaine, mes contemporains m'auront probablement quelqu'obligation d'avoir essayé de leur faire connoître nn personnage qui s'est jusqu'à ce jour si habilement enveloppé, qu'il a mis et met en défaut l'opinion publique. Chacun demande : M. de la Fayette est-il démagogue ou royaliste? veut-il maintenir le trône ou le renverser? Personne ne peut résoudre ce problême, et les deux partis se méfient également du Général des Parisiens. Tel est inévitablement l'effet d'une marche sourde ou incertaine. Mais il faut aussi convenir que les circonstances ont souvent exigé de M. de la Fayette une prudence qui ressemble toujours beaucoup à de la dissimulation. La conduite de M. de Lafayette est assez généralement connue; mais on voudroit découvrir les ressorts secrets qui le font agir. On desireroit savoir s'il a toujours voulu faire ce qu'il a fait, et comme il l'a fait; s'il a dirigé les événemens, ou s'il a été mené par les circonstances. Je m'attacherai principalement à cet examen, et aux détails qui peuvent servir à indiquer la trempe de son caractere. Mais je dois prévenir mes lecteurs, que je ne me propose de composer, ni un panégyrique, ni une satyr et que je n'oublierai point, en écrivant la vi de M. de Lafayette, que la véracité et l'impartialité sont les plus indispensables qualités de l'histoire.

Pour se faire une idée du caractere de mon héros, il faut tâcher de découvrir quelle est sa passion dominante; si c'est l'amour des hommes et de la liberté, ou l'ambition de jouer un rôle brillant, qui l'a conduit en Amérique et qui a dirigé sa conduite depuis son retour dans sa patrie. Si nous voyons évidemment que l'ambition est la passion dominante du Marquis de Lafayette, nous en concluerons, sans témérité, qu'il ne peut pas être sincerement l'ami de l'égalité; car l'ambitieux ne connoît d'autre bonheur que celui de la supériorité, et c'est pour se l'assurer qu'il cherche à rabaisser le reste des hommes. Nous pourrons en conclure aussi peut-être que M. de Lafayette auroit été le plus implacable eunemi de la révolution, si on ne lui eût pas accordé un des principaux rôles.

Ponr juger impartialement M. de Lafayette, il faut examiner, suivre et méditer sa conduite. Si nous le voyons ferme et constant dans la pratique des principes qu'il a professés ouvertement, nous aurons lieu de croire que s'il s'est trompé, c'est de bonne foi, mais qu'il n'a jamais eu l'intention de semer l'erreur. Si nous le voyons incertain et vacillant, changer souvent de système, ou du moins de conduite, nous pourrons sans témérité douter de sa philantropie et même de sa loyauté. Pour arriver au temple de mémoire, le véritablement grand homme marche droit devant lui d'un pas égal, ferme et sûr; il rougit de dérober sa marche, et ne veut triompher qu'au grand jour. Celui qui tâche d'y atteindre par des sentiers détournés; celui qui se déguise pour n'être point connu et arrêté sur sa route, convient tacitement de sa foiblesse et de la médiocrité de son mérite. Son propre jugement ne peut pas être suspect. Si ces réflexions paroissent judicieuses à mes lecteurs, elles pourront servir à diriger leur opinion relativement au héros de cette histoire.

Je n'arrêterai point les regards de mes lecteurs sur la naissance ou sur les premières années de M. de Lafayette. Sa famille, ancienne et illustrée, est assez-connue pour que je me dispense d'en parler. Mon héros, né à Riom en Auvergne, le premier Septembre 1757, fut élevé dans la maison paternelle, jusqu'à l'âge où l'on envoie d'ordinaire les jeunes gens de son rang dans un college de la capitale. O choisit celui du Plessis, où ses ancêtres avoient fait quelques fondations de bienfaisance.

Les détracteurs de M. de Lafayette préten qu'il apporta dans sa nouvelle résidence tous les vices d'un enfant gâté, l'insolence, la paresse et l'obstination. D'autres assurent, au contraire, que, doué d'un caractere patient et modeste, et des plus heureuses dispositions, il cultiva avec succès les présens que lui avoit fait la nature; et cette opinion paroît la mieux fondée, puisqu'il se distingua dans le cours de ses études, et sortit du college avec la réputation rare d'un jeune seigneur fort instruit et de la plus grande espérance.

Son entrée à la Cour et ses premiers pas dans la carriere militaire ne méritent pas plus que son enfance de fixer l'attention de mes lecteurs. Sa conduite fut celle de presque tous les jeunes courtisans de son âge. Il apprit parmi eux le grand art de la dissimulation; il apprit à faire une profonde révérence et à sourire gracieusement à ceux que l'on hait ou que l'on méprise. Enfin il parvint, comme tant d'autres, au grade de Colonel; et jusqu'à l'époque où il partit pour l'Amérique, rien ne paroît justifier les grandes espérances de sa famille, ni les louanges exagérées de ses nombreux panégyristes.

Durant son enfance on lui avoit souvent parlé des vertus et des exploits de ses illustres aïeux. Ces conversations fréquentes exciterent l'émulation du jeune marquis, et lui inspirèrent le desir de surpasser la gloire de ses ancêtres, ou du moins de marcher sur leurs traces.

Après avoir laissé à notre héros le tems d'usage pour parcourir le cercle de galanterie, jugé indispensable dans le cours d'éducation d'un jeune seigneur, la famille de M. de Lafayette résolut d'en faire un présent au dieu de l'hyménée ; et cette transaction fut exécutée comme elle se pratique presque toujours parmi les grands ; c'est-à-dire, que l'on consulta beaucoup moins les convenances de l'âge ou même peut-être de l'inclination, que celles de la fortune et de la naissance. M. de Lafayette épousa Angélique-Aimée d'Ayen , plus âgée que son mari d'environ cinq ou six ans. Cette disproportion ne produisit pas toutefois l'antipathie du côté où l'on auroit pu assez raisonnablement la redouter. Il paroît que le jeune Lafayette aima très sincerement son épouse. Bien des gens assurent qu'elle ne le paya point de retour, et qu'elle avoit, précédemment à son mariage, disposé de son cœur en faveur d'un autre. En admettant ce fait et toutes les suites qu'il pouvoit occasionner, Madame de Lafayette seroit beaucoup moins coupable que les parens barbares qui font conclure à leurs enfans un marché à vie , sans consulter leur inclination. Mais ce fait n'est point du tout prouvé; des personnes plus à même d'être instruites et très dignes de confiance, attestent que Madame de Lafayette reçut avec plaisir le mari choisi par sa famille, et que sa conduite a été dans tous les tems irreprochable.

C'est cependant à la jalousie motivée de M. de Lafayette, et aux écarts de son épouse, qu'une partie du public a attribué le départ de notre héros pour l'Amérique. Mais il est beaucoup plus probable que M. de Lafayette, espérant trouver en Amérique les occasions de se distinguer, sacrifia l'amour au désir d'acquérir de la gloire, et que son épouse vit partir avec douleur un mari jeune qu'elle aimoit, qui alloit chercher des dangers au delà des mers, et qu'elle ne reverroit peut-être jamais. C'est au moins ce que certifient ceux qui composoient la société de Madame de Lafayette au moment de cette séparation; et la conduite de son mari, depuis le moment de son départ, jusqu'à son retour en France, ne dément point l'opinion, qui considere le désir de la célébrité comme l'unique motif de l'excursion maritime du héros de cette histoire.

Embarqué sur une frégate de vingt-deux canons et de deux cents hommes d'équipage,

qu'il avoit achetés et armés à ses frais ou
avec le secours de ses amis, peut-être du
banquier de Genève, il vogua paisiblement
jusqu'à la hauteur de l'île de Linoups, où
il fut accueilli d'une tempéte si violente qu'il
n'étoit plus possible de gouverner le bâti-
ment. Dans cette situation fatigante et dan-
gereuse, les François apperçurent, à demi
portée du canon, un vaisseau anglais aussi
maltraité de la tourmente que la frégate, com-
mandée par le marquis de la Fayette.

Daus toute autre circonstance l'équipage
auroit demandé à grands cris le combat; mais
pouvant à peine résister à l'impétuosité des
vagues, il reçut très-froidement la proposi-
tion de M. de la Fayette, et les murmures se
firent entendre. Notre héros n'en fut point
déconcerté. Il avoit résolu de combattre les
Anglais, et une harangue courte et énergique
ranima bientôt ses braves compatriotes. «Vous
» étes Français, leur dit-il, et vous ne souf-
» frirez point que vos enuemis puissent se
» vanter de vous avoir fait fuir devant eux.
» Allons mes amis, tandis que nous com-
» battrons, la tempéte cessera et nous joui-
» rons à la foi du calme et de la victoire.
» Cependant, si quelques-uns de vous ne

» veulent point prendre part à l'honneur de
» cette journée, qu'ils se mettent à l'abri
» dans le fonds de cale. Les braves gens se
» rassembleront autour de moi, et moins
» nous serons nombreux, plus notre triomphe
» sera complet. »

Après deux heures de combat opiniatre, on en vient à l'abordage, et la victoire se déclara pour les François. La tempête continuoit et le vaisseau anglois, criblé par les boulets de la Formidable, étoit prêt à s'ensevelir dans les flots. M. de la Fayette se montra aussi généreux après la victoire qu'intrépide durant le combat. Il pressa ses compagnons de porter du secours aux Anglois, et leur en donna l'exemple, en sautant le premier dans une chaloupe destinée a sauver leur équipage (1)

On ne peut nier qu'une conduite si noble ne soit propre à gagner tous les cœurs. Mon héros n'avoit point encore proféré ouvertement ses opinions républicaines. Il ne dédaignoit point de combattre pour son roi, et dans la glorieuse action de la Formidable, vive Louis, vive la France ! étoit son cris de

____

(1) Cette anecdote dont je ne certifie pas la vérité,

guerre. Intrépide soldat, sujet fidèle et vainqueur généreux, il jouissoit alors de l'admiration générale, et d'un bonheur bien pur. Pourroit-il en dire autant aujourd'hui malgré ses succès ? Dis-moi, la Fayette, si ton cœur est content ? ton sommeil est-il toujours paisible, et dans l'absence de tes flatteurs, n'entends-tu pas quelquefois le cri de ta conscience avec laquelle il n'est pas possible de dissimuler ? Parcours avec attention les fastes de l'histoire, et vois ce que tu dois attendre de tes contemporains et de la postérité.

La Fayette arriva en 1777 chez les insurgens, où il passa deux années, et quoiqu'en puissent dire ses détracteurs, il y acquit la réputation d'un militaise brave et intelligent. Il servit d'abord comme volontaire, quoique le congrès lui eut accordé le brevet de major-général, et se distingua dans la malheureuse affaire où Washington fut mis en déroute le 11 septembre, par l'armée du général Bowe. M. de la Fayette rallia les fuyards et

____

a été publiée dans un ouvrage dont l'auteur ne peut pas être soupçonné de partialité en faveur de M. de Lafayette, et la louange dans la bouche d'un ennemi porte un caractere de vérité qui m'a paru respectable.

se préparoit à les ramener au combat, lorsqu'il reçut à la jambe une blessure qui l'obli-
gea de quitter le champ de bataille.

La lettre du général Washington que je
transcrirai bientôt, est un certificat irrécusable de sa valeur et de ses talens militaires.
Je n'entreprendrai point de donner ici le détail des actions qui lui méritèrent l'estime du
général américain ; mais je ne puis me défendre
de citer une anecdote qui peut donner une
idée de son caractère.

Dans l'année 1778, le comte de Carlisle que
le roi d'Angleterre avoit député vers les insurgens, oublia qu'il devoit jouer le rôle de
conciliateur, et se permit de parler en termes
injurieux non-seulement des Américains qu'il
traitoit de rébelles, mais aussi des Français
et de leur gouvernement.

Le marquis de la Fayette crut devoir venger
l'honneur de sa patrie, et envoya, dit-on,
au lord Carlisle le cartel suivant :

« J'avois cru jusqu'ici milord, n'avoir jamais affaire qu'avec vos généraux, et je n'es-
pérois l'honneur de les voir qu'à la tête des
troupes qui nous sont respectivement con-
fiées. Votre lettre du 26 août au congrès des
Etats-unis, et la phrase insultante pour ma

patrie, que vous y avez insérée, pouvoient seu-
les me donner quelque chose à démêler avec
vous. Je ne daigne pas réfuter cette phrase,
milord, mais je desire la punir. C'est vous,
comme chef de la commission , que je somme
de m'en donner une réparation aussi publique
que l'a été l'offense, et que le sera le démenti
qui la suit. Il n'auroit pas tant tardé si la
lettre me fut parvenue plutôt. Obligé de
m'absenter pour quelques jours, j'espère trouver en revenant votre réponse. M. Gimot,
officier français , prendra pour moi les arran-
gemens qui vous conviennent. Je ne doute
pas que pour l'honneur de son compatriote,
M. le général Clinton ne veuille bien s'y
prêter. Quant à moi , milord , tous me sont
bons , pourvu qu'à l'avantage glorieux d'être
Français, je joigne celui de prouver à un
homme de votre nation qu'on n'attaque jamais impunément la mienne.

Signé , LA FAYETTE.

Le comte de Carlisle fit valoir en cette
occasion son titre d'homme public, et comme
on le verra par sa réponse , il n'oublia pas
pour cette fois, son caractère de pacifica-
teur.

« J'ai reçu, monsieur, votre lettre, qui m'a été transmise par M. Gimot, et j'avoue qu'il me paroît difficile de faire une réponse à son contenu. La seule qu'on peut attendre de moi comme commissaire de sa majesté britannique, et que vous auriez dû prévoir, est que je me regarde et me regarderai toujours comme n'ayant à répondre à aucun individu de ma conduite publique et de ma façon de m'exprimer, mais seulement à mon pays et à mon roi. A l'égard des expressions contenues dans les pièces publiées sous l'autorité de la commission dont j'ai l'honneur d'être membre, à moins qu'elles ne soient publiquement rétractées, vous pouvez être sur, quelque changement qui survienne dans ma situation, que je ne serai jamais disposé à en rendre compte, et encore moins à les désavouer en particulier. Je dois vous rappeller, que l'insulte à laquelle vous faites allusion, se trouvant dans la correspondance entre les commissaires du roi et le congrès, n'est pas de nature privée. Or, je pense que toutes les disputes nationales seront bien mieux décidées, quand l'amiral Byron et le comte d'Estaing se rencontreront. »

Signé, CARLISLE.

Il seroit assez difficile de dire au juste ce que M. de la Fayette se promettoit de cette démarche ; car il devoit pas s'attendre que lord Carlisle accepteroit son cartel. C'étoit sans doute, un dementi formel qn'il vouloit donner publiquement au commissaire anglois ; mais ou le reproche du lord étoit fondé ou il ne l'étoit pas, et un simple démenti qui ne traitoit pas à fonds cette question est une don-quichottade inutile et ridicule. Quoiqu'il en soit, le manifeste de M. de la Fayette est assez mal rédigé pour un homme qui a remporté un prix d'éloquence. Le style froid, lâche et sec ne vaut pas beaucoup mieux que celui de la réponse du lord anglois, qui écrivoit dans une langue étrangère.

Le marquis de la Fayette ne tarda point à revenir de Bosten, où il s'étoit transporté à la réquisition des officiers-généraux, pour hâter le retour de la flotte française. Dans l'espé-rance d'arriver à temps pour partager la gloire de l'expédition de Rhode-Island, il fit à cheval, et en moins de six heures et demie, un trajet d'environ soixante et dix milles. Il se mit à la tête des piquets et des autres partis destinés à couvrir la retraite qui fut exécutée dans le meilleur ordre ; on ne laissa pas un seul

homme

homme en arrière, et le général Sullivan reçut du congrès les plus justes éloges. En 1779
M. de la Fayette annonça au congrès, son
prochain départ pour la France. et le motiva
de la manière suivante dans la lettre qu'il écri-
vit à M. Henri Laurent, président de cette
assemblée.

MONSIEUR,

Quelqu'attentif que je dois être à ne pas
employer les instans précieux du congrès à
des considérations particulières; qu'il me soit
permis de lui exposer les circonstances dans
lesquelles je me trouve, avec cette confiance
qui naît naturellement de l'affection et de la reconnoissance. Il n'est pas possible de parler
plus convenablement des sentimens qui m'at-
tachent à mon pays, qu'en présence des citoyens qui ont tout fait pour le leur. Tant que
j'ai cru pouvoir disposer de moi-même, mon
orgueil et mon plaisir ont été de combattre
sous les drapeaux américains, pour la défense
d'une cause que j'ose d'autant plus appeller
nôtre, que j'ai eu le bonheur de verser mon
sang pour elle. Actuellement, monsieur, que
la France est engagée dans une guerre, le devoir et l'amour de mon pays me pressent éga-

B

lement de me présenter devant mon roi, pour savoir de quelle manière il jugera à propos d'employer mes services. La plus agréable de toutes sera toujours celle qui me mettra à portée de servir la cause commune. Parmi ceux dont j'ai eu le bonheur d'obtenir l'amitié et de suivre la fortune dans des temps où les perspectives sourient moins qu'aujourd'hui. Cette raison et quelques autres que le congrès appréciera m'engagent à lui demander la liberté de retourner dans ma patrie l'hyver prochain. Tant que j'ai pu espérer que la campagne seroit active, je n'ai pas pensé à quitter le champ de Mars; mais actuellement que tout est calme et paisible, je saisis cette occasion de solliciter le congrès. Vous trouverez ci-incluse une lettre de son excellence, le général Washington, par laquelle il consent que j'obtienne la permission de m'absenter. Je me flatte qu'on me regardera comme un soldat absent par congé, et desirant ardemment de rejoindre ses drapeaux et ses camarades estimés et chéris, etc.

Cette lettre est vraiment fort originale, Mr. de la Fayette françois, et attaché au service militaire de sa patrie, demande comme une grace, aux Américains, la permission de revenir en France, lorsque ce royaume est engagé dans une guerre, et il les prie de vouloir bien le considérer comme un *soldat absent par congé, et fort empressé de rejoindre ses camarades chéris et estimés*. Ces complimens verbeux ne s'accordent ni avec lamour de son pays ni avec son devoir et l'envie de se présenter devant son roi pour prendre et exécuter ses ordres. Il semble que dans ses regards, dans ses discours et dans ses écrits, M. de la Fayette est toujours occupé de déguiser sa pensée. On entrevoit cependant qu'il vouloit se réserver un prétexte pour retourner en Amérique, en cas qu'on n'eût pas pour lui tous les égards qu'il croyoit mériter.

La lettre du général Washington au congrès annonce la haute opinion qu'il avoit de M. de la Fayette. « Ce qu'il m'en coûte pour me séparer d'un officier qui a tout le feu militaire de la jeunesse, unit une rare maturité de jugement, m'engageroit, si la chose dépendoit de moi, à desirer de préférence que son absence fût sur le pied d'un congé. Je m'estimerai toujours heureux de pouvoir rendre à ses services les témoignages auxquels il a des droits par la bravoure et la conduite qui l'ont distingué dans toutes les occasions;

et je ne doute point que le congrés ne lui ex-
prime d'une manière convenable, combien il
sait apprécier son mérite et les regrets que
lui cause son départ. »

Cet lettre est un témoignage irrécusable de
l'estime du général Washington; mais il n'est
pas moins évident que le Fabius américain n'a
pris sur lui d'insérer la clause du congé que
de concert avec M. de la Fayette, qui autre-
ment auroit eu droit de la trouver extraordi-
naire quoique très-obligeante; car c'eut été en
quelque façon le forcer de renoncer à sa patrie que de ne lui permettre de retourner en
France que passagérément.

L'espoir du général américain ne fut point
déçu. Le départ de M. de la Fayette fut mar-
qué par des regrets et par tous les honneurs
que pouvoient mériter la qualité, le dévoue-
ment et le mérite du héros de cette histoire.
Le congrés fit équiper, pour le conduire,
l'Alliance, frégatte de trente-six canons dont
il donna le commandement à un capitaine
Malouin, attaché au service des Etats-unis.
Plusieurs officiers françois, et entr'autres
M. de Raymondis, capitaine de pavillon, et
MM. de Broves et Duplessis, capitaines d'artil-
lerie, s'embarquerent sur le même vaisseau,

qui arriva à Brest le 6 février, après une traversée de vingt-trois jours.

Peu s'en fallut toutefois qu'elle ne devint
funeste à l'équipage de la frégate. Pour le
completter on avoit été réduit à employer
vingt-cinq déserteurs anglois, qui formèrent
l'affreux complot d'égorger tous les officiers
françois à l'exception du marquis de la Fayette
qu'ils se proposoient de conduire à Londres
avec la partie de l'équipage qui n'étoit point
entré dans la conspiration.

Ce fut le vingtième jour de la traversée que
ce complot fut découvert. Il étoit midi et le
signal devoit être donné à quatre heures. Le
capitaine se conduisit avec une prudence qui
sauva à ses passagers jusqu'à l'inquiétude.
Après s'être promené quelques minutes sur
le pont, il prit sa lunette et déclara qu'il ap-
percevoit une voile ennemie. En conséquence
il ordonna de mettre en état toutes les armes,
et de les apporter dans sa chambre afin d'en
faire l'examen. La prompte exécution de ces
ordres enleva aux conjurés leur principale
ressource. Le capitaine arma huit ou dix
hommes de confiance, et fit appeller l'un
après l'autre, les plus mutins qui furent im-
médiatement chargés de fer et contraints au

silence en leur mettant l'épée sur la gorge. Plus de trente étoient déjà garrotés à fond de cale avant que leurs camarades se doutassent de ce qui se passoit. Ils voulurent faire quelque résistance; mais les soldats armés les tinrent en respect, et on les traita comme les autres. Alors le capitaine remonta sur le pont et apprit au reste de l'équipage le danger qu'ils venoient de courir. Il donna publiquement des louanges aux matelots qui avoient résisté aux sollicitations de leurs camarades, et chacun s'empressa de les récompenser. Quarante-cinq hommes ou environ, les seuls dont le capitaine fut bien sûr, ne suffisoient pas pour la manœuvre de la frégatte, et le moindre navire armé auroit pu la forcer d'amener son pavillon. Le capitaine passa trois jours dans cette inquiétude, et eut enfin le bonheur d'entrer dans la rade de Brest sans avoir rencontré un seul vaisseau ennemie (1).

----

(1) La reine étoit venue ce même jour à Notre-Dame de Paris, pour remercier Dieu de son heureuse convalescence, après être accouchée de Madame Royale. Elle fit à M. de Lafayette l'honneur de lui envoyer un de ses carrosses, et ne se doutoit pas alors que ce même Lafayette viendroit un jour à la tête d'une horde d'assassins, l'assiéger dans son palais.

Le marquis de la Fayette arriva le 12 fevrier 1779 à Paris, d'où il se rendit à Saint-Germain pour y jouir des embrassemens de sa famille qui s'y trouvoit rassemblée en grande partie. On prétend qu'il fut exilé durant quelques jours pour avoir servi dans les armées américaines sans mission spéciale de la cour de France. Mais l'accueil qu'il reçut du roi, semble démentir cette anecdote. Quoiqu'il en soit, rien ne prouva mieux la bonne intelligence avec les Etats-unis que le nouveau titre dont le docteur Franklin fut décoré à l'arrivée des officiers françois. Il prit à cette époque le titre de ministre plénipotentiaire à la cour de Versailles, et c'est en cette qualité qu'il exécuta la résolution du congrés, en remettant au marquis de la Fayette une épée enrichie de diamans. Sensible aux témoignages d'estime et de reconnoissance que lui donnèrent les insurgens, notre héros ne tarda pas à retourner chez eux. Il partit avec l'aveu du cabinet de Versailles, et débarqua le 28 avil 1790 à Boston, quelques jours avant M. de Tarnay dont on avoit ignoré jusqu'alors la véritable destination. Le marquis de la Fayette ne tarda pas à reprendre le commandement d'une division dans l'armée des états-unis, et

B 4

après y avoir cueilli de nouveaux lauriers dans quatre campagnes, il revint dans sa patrie solliciter de nonveaux secours en faveur des Américains,

J'ai rendu à mes lecteurs un compte fidèle de tout ce qui pouvoit être à l'avantage de celui dont j'ai promis d'écrire impartialement l'histoire. Mais j'ai encore à remplir l'engagement de développer, autant qu'il me sera possible, son caractère énigmatique; et cet engagement exige quelques réflexions sur son départ pour les colonies angloises, et sur son séjour parmi les insurgens.

L'auteur d'un libelle insolent et fastidieux fait partir notre héros avec M. d'Estaing avec le titre modeste d'aide-de-camp de général, et il prétend que la rénommée ayant apporté rapidement à la Grenade le détail des nouveaux écarts de madame de la Fayette, son mari résolut d'aller cacher sa honte chez les insurgens, et quitta l'armée française. Il suffit pour toute réponse à cette imposture de dire que le comte d'Estaing ne descendit à la Grenade que le 2 juillet 1779, et que M. de la Fayette avoit déjà passé deux années parmi les insurgens, chez lesquels il commença à servir en 1777.

Je ne puis m'empêcher d'observer que la liberté de la presse ne devroit pas être un brevet d'impunité pour tous les misérables qui se font de la calomnie et de la diffamation un odieux moyen de subsistance. Cette liberté à sans doute pour but l'avantage du public, et elle doit se borner à ce qui intéresse le public. La vie privée des citoyens devroit être respectée, et on devroit sur-tout défendre et punir sévérement l'imposture. Ce n'est pas en l'encourageant qu'on épurera nos mœurs, et c'est toutefois cette difficile opération qui peut seule servir de base solide à la liberté qu'on prétend vouloir établir.

Ce ne fut point le dépit qui conduisit M. de la Fayette à Philadelphie. Son projet étoit en quittant l'Europe, de passer chez les insurgens ; et ce projet avoit l'aveu tacite du cabinet de Versailles. Tout s'exécutoit alors d'une manière oblique et détournée. Telle étoit notre ignoble politique. Pour écraser plus surement les Anglois, on se permettoit toutes les bassesses propres à entretenir leur impudente sécurité. Nous avons vu jusqu'à présent M. de la Fayette saisir toutes les occasions d'acquérir de la gloire. Le desir de la célébrité l'entraîna dans les colonies angloises, et il y cueillit des lauriers. Mais c'est aussi durant son séjour dans cette partie du monde qu'il a suscé le lait de la démocratie et appris à considérer *l'insurrection du peuple comme le plus saint de ses devoirs.* C'est là qu'il a contracté contre le trône une forte antipathie dont le germe s'est développée dans notre infortuné climat.

De retour dans sa patrie, M. de la Fayette y fut généralement considéré comme un officier distingué par sa bravoure et ses talens militaires. Le roi l'avoit compris dans la dernière promotion des maréchaux-de-camp. Nous verrons bientôt comment il lui témoigna sa reconnoissance (1).

---

(1) Une partie des officiers français qui ont servi avec M. de Lafayette en Amérique, prétendent qu'il n'y a rien exécuté d'assez brillant ou intéressant pour justifier la préférence que le Congrés lui a accordée, en distribuant les marques de sa reconnoitsance, mais que les agens du Congrés vouloient flatter la famille des Noailles, qu'ils savoient être très puissante à la Cour de France, dont ils vouloient obtenir le secours. Mais il n'est pas besoin d'avertir le lecteur que l'envie, la jalousie et la partialité sont très ordinaires parmi ceux qni courent la même carriere, et que les satyres d'un rival ne méritent pas un grand degré de confiance, Si

La conduite de M. de Lafayette n'eut rien de remarquable avant l'époque de la convocation des notables. Plusieurs ministres avoient successivement dirigé ou dissipé les finances de la France, et ne s'étoient occupés qu'à en déguiser le fâcheux état, pour faire plus sûrement réussir les emprunts qui hatoient sa ruine. Depuis longtemps on n'exigeoit d'un ministre des finances d'autre talent que de trouver de l'argent, n'importe à quel prix ; et ceux qui vouloient conserver leur place se conduisoient en conséquence.

Mais parmi ces administrateurs ineptes ou pervers, le banquier de Genève est sans contredit celui qui a fait le plus de mal à la France. Il eut, à la vérité, une guerre maritime et dispendieuse à soutenir ; il fallut construire des vaisseaux et les armer. Le Necker appellé par M. Taboureau pour lui servir d'adjoint, ne tarda pas à culbuter son bienfaiteur. M. de la

M. de la Fayette ne déploya point en Amérique de grands talens militaires, il paroît qu'il y remplit toujours son devoir avec beaucoup de courage et d'exactitude, et que dans plusieurs occasions dangereuses, il fit preuve d'un sang-froid qui tient souvent lieu d'intelligence.

Fayette étoit un des familiers de la Cour du banquier génevois, et cette intimité ne contribua pas peu sans doute à consolider les opinions anti-monarchiques de mon héros.

M. Necker emprunta quatorze millions dans son premier ministère, et enrichit toutes les banques étrangeres, dans lesquelles il avoit des intérêts. Mais les aveugles Français, et particuliérement les Parisiens, ne chantoient pas moins ses louanges, parce qu'il ne parloit point de mettre des impôts. On ne savoit point encore en France que l'emprunt est le plus désastreux de tous les impôts. La retraite du banquier de Genève fut considérée comme une calamité publique. On en juge différemment aujourd'hui; et tous les hommes éclairés conviennent que le jour véritablement funeste, fut celui où cet ambitieux charlatan prit en main le gouvernail de nos finances. Ses successeurs contribuerent toutefois à le faire regretter; et jusqu'à M. de Calonne, l'administration des finances passa presque toujours des mains d'un ignorant dans celles d'un fripon. On convenoit assez généralement des grands talens de ce dernier administrateur; mais sa réputation de probité étoit médiocrement établie. Il est cependant le premier, où, pour mieux dire, il est le seul qui ait eu le courage et la bonne foi de déchirer le voile que tous ses prédécesseurs avoient soigneusement tendu sur la dette publique. M. de Calonne ne se contenta pas de découvrir le mal; il en indiqua le remède. Mais il parut pire que le mal à bien des gens; et ceux qui, après lui avoir laissé paisiblement dissiper le reste de nos finances, l'ont attaqué et terrassé au moment où il alloit sauver l'Etat, sont coupables de toutes les calamités que nous endurons aujourd'hui. On peut les considérer comme les véritables destructeurs de notre antique et glorieuse monarchie. M. de la Fayette est du nombre; et c'est à cette époque où son historien peut lui reprocher justement pour la premiere fois une conduite fort éloignée de la délicatesse et de la loyauté dont il paroît si jaloux de conserver la réputation.

En 1787, M. de Calonne fit convoquer une assemblée de notables; et M. de la Fayette ne fut point compris dans leur nomination. On conçoit bien que le héros de l'Amérique, toujours jaloux de jouer un rôle, ne vit pas sans chagrin échapper cette occasion. Mais ce dont on sera peut-être surpris, c'est qu'il fit des bassesses auprès de M. de Calonne, pour obtenir qu'il réparât l'oubli qu'il avoit fait de sa personne.

Le ministre des finances, fatigué de ses sollicitations, raya le nom d'un des notables, et l'on substitua, avec l'aveu du roi, le marquis de la Fayette. La reconnoissance de mon héros fut celle d'un courtisan. Dès qu'il apperçut que les détracteurs de M. de Calonne se multiplioient et commençoient à prévaloir, il se joignit à la cabale de l'archevéque de Sens, et n'hésita pas à dénoncer le contrôleur des finances, en signant et présentant lui-même un mémoire rédigé par la faction du prélat, qui inculpoit violemment la probité du ministre dont il convoitoit la place.

M. de Lafayette ne fit sans doute ici que ce que la plupart des courtisans se permettent dans toutes les occasions. Mais comme la morale des courtitans n'est pas encore généralement ou du moins ouvertement adoptée, nous n'hésiterons point à dire que la conduite de notre héros ne fut ni généreuse ni loyale. Sa sollicitation auprès de M. de Calonne, pour être compris dans la liste des notables, annonce une intimité entre ce ministre et lui. Sans cette intimité, il n'auroit pas entrepris d'importuner le ministre, parce qu'il n'auroit pas eu l'espoir de réussir; et si le ministre ne l'avoit pas considéré comme son ami, comme un homme sur lequel il pouvoit compter, il n'auroit pas interverti l'ordre pour le satisfaire. La liste des notables étoit complète et revêtue de la signature du roi. Il fallut faire approuver ce changement à Louis XVI, et ce fut sans doute en lui peignant M. de Lafayette comme un homme qui appuyeroit utilement les opérations projettée. On peut donc raisonnablement assurer que M. de Lafayette entreméla ses instances auprès du ministre de louanges, de protestations et du langage mensonger et flatteur qui séduit et abaisse depuis si long-temps les hommes et qui les abaissera probablement toujours parce qu'il y aura toujours plus de vanité que de bon-sens dans ce bas monde.

Dans son adresse au roi, M. de Calonne a fait à M. de la Fayette un reproche de sa perfidie, en se qualifiant son bienfaiteur. Mon héros a sans doute senti la justice de ce reproche, puisqu'il n'a pas entrepris d'y répondre. Enfin, M. de Calonne a été expulsé et remplacé par l'ambitieux archevêque, et tout le monde sait ce que la France y a gagné. Ces faits sont encore très-récens, et cent

écrivains en ont donné au public les minu-
tieux détails.

L'assemblée des notables se sépara, comme
on sait, emportant avec elle la réputation
d'obstination et d'ignorance, et laissant les
rênes de l'état entre les mains d'un archevêque sans génie, sans talens et sans probité.
La courte, inique et inepte administration du
prélat, créé ministre principal, ne servit qu'à
augmenter les désordres des finances, et le
ressentiment de la nation contre les agens de
la cour et contre la cour elle-même. On de-
mandoit à grands cris les états-généraux, et
les parlemens dont l'avarice antipatriotique
avoit repoussé le salutaire et équitable impôt
territorial, appuyèrent aveuglement les clameurs du peuple (1).

Il falloit en effet que ces antiques tribunaux
fussent bien aveugles pour ne pas prévoir
que la convocation des états-généraux seroit
leur arrêt de mort. Mais ils vouloient humilier

---

(1) M. de la Fayette a aussi à se reprocher de s'être
déclaré contre cet impôt et contre celui du timbre. Si
ces deux expédiens avoient été adoptés, nous ne serions
pas aujourd'hui nageant dans un abîme, où nous serons
peut-être bientôt engloutis.

la

la cour , et l'orgueil et la vengeance ont toujours été en possesion de fasciner la raison.

Les parlemens s'étoient rendu depuis long-temps également odieux à la cour et à la nation. Inébranlables dans les occasions où il s'agissoit de leurs privilèges ou de l'intérêt particulier de leur corps , ils cédoient docilement dans toutes les circonstances où il n'étoit question que de l'intérêt des peuples ; après avoir toutefois fait assez de résistance pour en rejetter l'odieux sur la cour ou sur les ministres.

Dans la crise où l'ignorant et présomptueux archevêque de Sens laissa la France , il se trouvoit peu d'hommes assez hardis pour vouloir , en prenant les rénes du gouvernement, s'exposer à la haine et aux clameurs des peuples qui n'avoient plus d'espoir que dans l'assemblée des états-généraux.

Le banquier de Genève qui avoit passé tout le temps de sa rétraite , à déplorer dans ses écrits , l'inaction à laquelle on réduisoit ses talens inestimables , intriguoit à chaque mutation de ministre , et faisoit répéter par ses nombreux cliens , que le grand , le sage , le vertueux Necker pouvoit seul sauver la France.

C

Une partie de la nation les crut sur leur pa-role, et servit d'écho à leurs clameurs. Enfin la cour imagina sans doute qu'elle calmeroit la fermentation croissante, en rappellant ce-lui qui sembloit posséder la confiance de la nation, et le banquier de Geneve revint pour nous administrer l'extrême onction.

M. de la Fayette ne fut pas un des moins ardent de ses apôtres. On n'imaginera point qu'il payoit un tribut à la reconnoïssance. Nous avons déjà vu qu'il sait repousser dans l'occasion ce sentiment importun; mais notre héros qui se croyoit destiné aux grandes choses, voyoit avec dépit que la cour sem-bloit le juger moins favorablement. Du dépit d'un ambitieux, à la haine, il n'y a qu'un pas et dès cet instant M. de la Fayette se joignit aux mécontens qui étoient malheureusement très-nombreux. Il connoissoit les dispositions démocratique de son ancien patron, et l'un et l'autre étoient depuis long-temps les confi-dens intimes du duc d'Orléans.

Je suis toutefois fort éloigné de croire que M. de la Fayette, le banquier de Genève et leur ami Philippe, aient dès les commence-mens formé le projet de renverser le trône et la monarchie. Je suis même très-persuadé que

le plus enragé de nos Jacobins auroit reculé
de terreur si on lui eût présenté , il y a dix-
huit mois , le plan qu'ils ont déjà exécuté
en grande partie ; mais le prince, le marquis
et le banquier avoient tous trois des griefs à
venger. Le premier , son exil et le mariage de
sa fille manqué ; le second , l'indifférence de
la cour pour son rare mérite , et le Genevois
sa première disgrace , qu'il considéroit comme
une horrible ingratitude. Chacun avoit son
but particulier. D'Orléans vouloit humilier la
cour et sur-tout la reine , dont le juste et
profond mépris lui paroissoit insupportable.
Le ministre genevois vouloit rendre sa place
inamovible. Enfin, le marquis vouloit jouer
un rôle. Ses liaisons avec le prince et le ministre , le rendoient justement suspect , et ne
pouvant obtenir la confiance de la cour, il
se déclara ouvertement pour le parti populaire.

Enfin les états-généraux furent convoqués.
Philippe d'Orléans et le champion de l'Amérique obtinrent , à force d'argent , dit-on , à
siéger parmi les députés , et ce fut alors
que les funestes complots du triumvirat
prirent une consistance. La marche et les
détails de cette conjuration ténébreuse ser-

viront à dévoiler le caractère de celui dont j'écris l'histoire , et mes lecteurs m'auront obligation sans doute de leur avoir transcrit littéralement ces détails écrits de la main d'un homme initié dans ce mystère d'iniquité.

Le vœu du peuple écouté par le roi, appella en 1778 M. Necker à la tête du gouvernement. Il y apporta cette ambition sans bornes, cette vanité excessive , cette conviction de son rare mérite qui l'ont caractérisé dans tous les temps. Il y joignoit encore le desir ardent de venger sa première disgrace et d'en prévenir une seconde , en rendant sa place inamovible.

« L'assemblée des représentans de la nation étoit demandé avec unanimité , avec une force qui ne permettoit plus de la réfuser. Le moment étoit favorable. Les esprits étoient disposés à ne s'occuper que de la réforme des abus. Tous les ordres , toutes les classes unies d'intérêt et de volonté ; ne desiroient que le bien général.

« Mais M. Necker avoit des projets d'ambition qui exigeoient l'appui du parti puissant. Le sien, quelque nombreux qu'il fût, lui paroissoit encore trop foible. Il récula l'époque où il auroit pu; où il auroit dû assembler les états-généraux. Il multiplia les délais pour se ménager le temps de grossir le nombre de ses partisans, de se rendre maître des suffrages es de s'assurer dans l'assemblée l'influence qui lui étoit nécessaire pour exécuter ses desseins.

» Un ministre nommé par le roi, peut être destitué par le souverain qui l'a choisi. Son existance ne dépend que d'une volonté ; quelquefois d'un caprice et presque toujours d'une intrigue. Mais si cet administrateur étoit adopté par le corps législatif, s'il obtenoit le titre de ministre de la nation, il faudroit pour le congédier, que la volonté des représentans de cette même nation concourût avec celle du souverain, et l'exemple de l'Angleterre nous démontre que celui qui dispose du trésor public, toujours maître de la majorité des suffrages, peut dans tous les temps s'opposer avec succès, aux délibérations qui lui seroient contraires.

« Devenir inamovible, indépendant comme les anciens maires du palais, être nommé ministre de la nation, ne laisser au prince que le titre de roi, et régner sous son nom, voilà quels étoient le desir et l'espoir du banquier de Genève.

Il cachoit toutefois soigneusement ses audacieux projets sous le masque trompeur de la vertu, qui lui a servi longtemps à tromper les Français. Mais tous ceux qui firent attention aux écrits que ses partisans répandoient, et aux motions qu'ils firent dans les assemblées de bailliages pour le nommer ministre de la nation; tous ceux que l'enthousiasme n'aveugloit pas, apperçurent clairement le but qu'il tâchoit d'atteindre.

La noblesse et le clergé n'auroient jamais consenti à servir son ambition. Il n'avoit aucun moyen de gagner ou de subjuguer leurs suffrages. Il résolut de détruire l'influence de ces deux ordres, en leur ôtant le *véto* que la constitution françoise leur assuroit et qui leur permettoit de s'opposer à ses innovations.

Pour réussir à la dépouiller de ce droit et s'attacher en même temps les députés du tiers-état, il imagina de doubler la représentation de cet ordre, et de forcer ensuite les deux autres à consentir que l'assemblée entière ne formât qu'une chambre, et délibérât en commun (1).

---

(1) Il eut encore soin d'affoiblir le clergé en em-

« Son projet n'étoit pas de laisser subsister cette unité d'assemblée : il comptoit remplacer bientôt la noblesse et le clergé par une chambre haute, dont les membres, nommés en apparence par le roi, mais choisis réellement par le ministre inamovible, resteroient attachés à l'auteur de leur élévation et se feroient un devoir de servir tous ses projets. Il avoit formé ce plan long-temps avant la convocation, et si la marche qu'il a suivie, si les discours, les motions, la conduite entière des Lally-Tolendal, des Mounier, des Malouet, des Virieux et de ce tas d'hommes qui lui étoient véndus, ne suffisoient pas pour le prouver, je me citerois moi-même en témoignage et j'y appellerois plusieurs personnes de ma connoissance, auxquels il a fait proposer comme à moi, une place dans cette chambre haute.

« La condition qu'il y mettoit alors étoit de concourir à dépouiller le clergé du droit

____

pêchant de choisir pour députés, des évêques et en faisant élire des curés qu'il étoit sûr de gagner plus facilement.

de composer un ordre, et à lui enlever ses biens (1). Ce n'étoit qu'après s'être engagé qu'on apprenoit de quelle manière on devoit s'acquitter envers le ministre, en trahissant le souverain (2).

----

(1) Ces places promises dans la chambre haute ont été le plus puissant moyen de corruption que M. Necker ait employé pour grossir son parti. C'est ainsi que lui, sa fille et ses anciens amis ont perverti cette minorité de la noblesse, ces gentilshommes qui n'ont pas rougi de violer leurs sermens, de trahir la confiance de leurs commettans, et de manquer à tout ce qu'il y a de plus sacré, en portant sans cesse des décrets contraires à leurs cahiers. Tous avoient la promesse d'obtenir en France le même rang, le même pouvoir que la constitution d'Angleterre assure aux pairs de la Grande-Bretagne. Tous avoient l'espérance d'abbaisser au-dessous d'eux le reste de la noblesse et de former seule une classe distinguée dans l'état.

(2) La veille du jour où le Necker fut exilé, il s'étoit rendu au conseil pour y faire part de quelques-uns de ses projets, mais jugeant par la froideur avec laquelle ils étoient reçus, qu'ils ne seroient pas approuvés, il sortit précipitamment de la salle du conseil, pour parler au comte de la Touche qui l'attendoit dans la cour et avec lequel il passa environ

« Assuré de la chambre haute que la reconnoissance lui auroit attachée, comptant sur celle des communes que les avantages procurés au tiers-état, et sur-tout l'or qu'il se proposoit de prodiguer, devoient soumettre à ses volontés, M. Necker se seroit trouvé à la tête du parti le plus puissant et maître dans l'assemblée des représentans ; mais avant d'y réussir, il lui restoit encore à vaincre de grands obstacles.

« Comment décider la noblesse et le clergé à renoncer au droit de former des ordres distincts, à devenir les inférieurs de leurs égaux et à consentir eux-mêmes à leur dégradation ? Comment cacher au roi le piège

---

cinq minutes ; aussi-tôt après cet entretien, le comte de la Touche demanda des chevaux et partit pour Paris. C'étoit le dimanche 12 juillet ; il arriva tout essouflé au palais-royal, parla au duc d'Orléans, et aussi-tôt, une troupe de canaille s'emparèrent des bustes de Necker et du prince ; la populace les suivit en poussant d'horribles hurlemens, les spectacles et les jeux furent fermés, on répandit par-tout l'allarme et la terreur. Un millier de voix s'écrièrent, vive Necker et d'Orléans, vive les libérateurs du peuple françois. Ce fait n'a pas besoin de commentaires.

que lui tendoit un ministre qui vouloit se rendre indépendant de son autorité? Comment dérober à la reine la connoissance de ce projet? Comment empêcher le monarque de chasser l'administrateur perfide qui abusoit à ce point de sa confiance? Comment l'empêcher de le chasser avant qu'il pût se mettre à l'abri de ce malheur?

« Ces obstacles étoient les premiers qui se présentoient, mais ils n'étoient pas les seuls. Un Bourbon que son nom et son rang n'avoient pas pu soustraire au mépris, qui n'avoit pas rougi, quoique possédant une fortune immense, de ruiner une foule de familles honnêtes, pour se livrer a une spéculation en bâtimens, un homme aussi ridiculisé par sa lâcheté que fameux par ses vices, un prince dont les crimes font oublier aujourd'hui des actions qui le déshonoroient alors, le duc d'Orléans avoit regagné la faveur populaire; il avoit employé en charités une somme assez médiocre, mais exagérée dans les récits de ses partisans. Il avoit procuré une somme plus forte pour acheter des complices. Il avoit adopté et porté à l'excès toutes les maximes populaires; il s'étoit livré envers les dernières classes de citoyens à des

démarches qui, en rapprochant les rangs,
en effaçant les distances, ne peuvent être
dans la personne d'un prince qu'un oubli de
sa dignité.

« Cette conduite qui loin de prouver la
véritable popularité, n'annonce qu'un démagogue qui flatte le peuple pour en faire l'instrument de son ambition, cette conduite
qui ne devroit jamais inspirer que la défiance,
est cependant le plus sûr moyen de séduire
la multitude. Elle avoit réussi au duc d'Orléans, il en étoit adoré dans la même ville
où quelques mois avant il avoit été l'objet
du mépris universel. Il paroît toutefois que
Philippe d'Orléans ne se proposoit alors que
de se venger des humiliations qu'il avoit
éprouvées en 1788.

« Mais les conseils de Laclos, de Mirabeau,
du chevalier d'Oraison, de Sermonville, de
l'abbé Syeyes, de madame Syllery et de tous
les brigands dont le duc est environné,
n'eurent pas de peine à lui inspirer le désir
de s'élever jusqu'au trône. Les entours d'un
pareil homme sont loin d'être ses amis, les
scélérats n'en ont point, mais les chefs de
son parti voyoient leur fortune dans son
élévation, leur intérêt dictoit leurs conseils

et ils les firent aisément adopter à leur patron. L'habitude du vice préparoit depuis long-temps son ame aux forfaits.

« Son parti quoique nombreux étoit fort au-dessous de ses projets, mais il suffisoit pour arrêter ceux de M. Necker. Leurs factions divisées ne pouvoient point avoir l'espoir du succès ; les chefs ne pouvoient l'ignorer, et ils s'unirent.

« Un des subalternes du parti d'Orléans, ce médecin si connu dans les clubs, et que la propagande a envoyé depuis en Angleterre pour y répandre ses principes ; le docteur *Scifre* avoit acheté à vie, une maison, rue des bons enfans. Le duc à qui elle appartenoit, la racheta pour la vendre, ou plutôt, pour la donner à Dufresnes, premier comis et confident de M. Necker ; c'est par-là que les deux partis se communiquoient et conspiroient ensemble.

« La bonne foi étoit loin de présider à leur union. Le duc d'Orléans n'étoit pas homme à se borner à de vaines apparances, à se contenter d'un rôle de représentation, pour abandonner le pouvoir réel au banquier de Genève ; en commettant des crimes il ne se proposoit pas d'en abandonner les fruits à son associé. Son dessein étoit de tromper M. Necker qui ne l'ignoroit pas, mais il se flattoit de le prévenir.

Si on pouvoit douter de la coalition de ces deux partis, il suffiroit pour la démontrer évidemment de rappeller les faits qui se sont passés avant l'ouverture des Etats-Généraux, et, depuis cette époque désastreuse.

« M. Necker jouissoit de toute l'autorité; il disposoit de la police, il étoit instruit de tout ce qui passoit dans la capitale; toutes démarches des émissaires du duc d'Orléans lui étoient connues; il savoit combien ce parti étoit redoutable, il pouvoit toutefois le dissiper en un jour, l'anéantir d'un seul ordre, et cet ordre n'a pas été donné.

« Le palais-royal étoit le foyer de la fermentation; les motions les plus incendiaires, les plus atroces, les plus offensantes pour leurs majestés, s'y faisoient publiquement. La horde qui s'y assembloit, étoit incapable de résistance, le guet seul pouvoit sans peine en saisir les chefs et la disperser. Leur châtiment auroit suffit pour prévenir l'incendie qn'ils s'efforçoient d'allumer; et, cependant, M. Necker a souffert les attroupemens et les motions du palais-royal.

« D'affreux libelles publiés contre l'autorité

du souverain s'y rendoient publiquement ; ces libelles, en insultant à la famille royale, ne cessoient de vanter les vertus et la popularité du duc d'Orléans. Lé ministre n'étoit pas assez borné pour confondre la liberté et la licence de la presse. Cet administrateur qui savoit si bien supprimer les écrits qui lui étoient contraires, et en faire proscrire les auteurs, n'ignoroit pas combien il étoit facile d'arrêter le cours de ceux qui attaquoient ses maîtres ; c'étoit pour lui un devoir sacré et il ne l'a pas rempli.

« On voyoit dans ces libelles, son éloge accollé à celui du duc. Les partisans des deux factions tenoient également les deux chefs ; en faut-il d'avantage pour prouver leur union !

« Si cependant il restoit encore des doutes, qn'on se rappelle que la réunion des ordres étoit un moyen dont le Genevois vouloit se servir pour arriver à son but, et que le duc favorisant dans la chambre de la noblesse, cette même réunion y paroissoit à la tête de la minorité, et suivi des Lally, des Clermont-Tonnere, des Noailles, des Broglie, des Lameth, de mathieu, soit-disant Monmorency, et enfin de tous les amis et les partisans de M. Necker. Qu'on se rappelle sur-tout, les bustes de ces

deux conjurés (1) portés et promenés ensem-
bles, dans les rues de la capitale, le jour où
cette ville prit les armes contre le Roi. Tous
ces faits suffiront bien sans-doute, pour con-
stater la criminelle association. Je prouverai
bieutôt, que cette union a subsisté jusqu'au
jour où après avoir inutilement tenté le forfait
le plus exécrable; Necker et la Fayette, non
moins criminels que son ami le banquier, accu-
sèrent leur complice du crime de leze-Majesté
dont ils étoient tout trois également coupables (2); mais avant de présenter à mes lecteurs
les preuves qne cet écrivain donne de son asser-
tion contre M. de la Fayette, réfléchissons un
moment sur ce que nous venons de lire, nous
y trouverons partout l'empreinte de la vérité
et le développement clair et complet des deux

---

(1) Le buste du duc d'Orléans et de M. Necker,
devant lesquels la populace soldée crioit vive d'Orléans, vive Louis XVII, vive Necker, vive le ministre de la nation. Ces paragraphes sout tirés d'un
ouvrage intitulé *les conspirateurs dévoilés*, par l'auteur *de nullité et despotisme.*

(2) Ces paragraphes sont extraits d'un ouvrage
récemment publié sous le titre dés conspirateurs
dévoilés, par l'auteur de *nullité et despotisme.*

intrigues , qui , tantôt en se heurtant , et tantôt en paroissant unies éludoient l'examen et restoient inexplicables.

Ces deux sections concoururent à faire nommer M. de la Fayette commandant-général de l'armée parisienne ; et ce choix suffiroit presque seul pour prouver qu'il étoit leur complice. Car il leur importoit de voir dans cette place un homme sur lequel ils pussent compter , et quelque soit celui des deux complots qu'adopta M. de la Fayette , il n'est pas moins criminel et punissable , puisqu'il a violé les sermens faits à son roi. Ne lui a-t-il pas juré comme colonel et comme maréchal-de-camp de lui être inviolablement fidèle , de le servir envers et contre tous , et de l'avertir de tous les complots qu'il découvriroit contre sa personne ou contre son autorité ? est-ce donc par la célébrité de ses crimes que M. de la Fayette espère surpasser la gloire de ses ayeux ? pour exciter chez nos descendans cette surprise qui tient lieu d'admiration aux hommes pervers , il faudroit qu'il eût l'énergie rapide qui étonne l'imagination et remplace l'approbation par la terreur (1).

____

(1) Quelle confiance peut-on raisonnablement avoir

Mais

Mais M. de la Fayette est bien éloigné d'avoir l'enthousiasme dont l'illusion violente peut subjuguer la raison sans corrompre le cœur. C'est toujours dans le calme de la réflexion qu'il a commis ses plus grandes fautes. Foible et irrésolu dans toutes les circonstances, ses démarches portent presque toujours l'empreinte de la timidité ou de l'hypocrisie. Je ne prétends pas toutefois imputer à sa timidité les terreurs qu'il travaille constamment à inspirer aux habitans de la capitale : il s'est longtemps servi de cet expédient pour les rendre dociles à sa voix, et favoriser les projets du ministre des finances dont la perfide ambition a perdu notre infortuné pays.

Destiné par la nature à jouer un rôle subalterne, M. de la Fayette a besoin d'être conduit. Si, privé de tout conseil, il se trouvoit

---

dans le serment civique de ceux qui ont violé sans pudeur tous les sermens qu'ils avoient faits précédemment à leur souverain ? Ne croyez jamais à la vertu d'un traître. Il y a quelque chose de si vil dans la perfidie, qu'elle indique un cœur irrévocablement corrompu.

D

livré à lui-même ; son incapacité paroîtroît bientôt au grand jonr. Il s'est follement imaginé qu'il pouvoit émuler Washington ; mais quelle différence des hommes et des circonstances.

Là c'est un peuple qui demande justice et à qui on la refuse ; ici c'est un peuple qu'on attaque et qui se défend. Washington n'étoit point attaché au service du roi d'Angleterre ; Washington n'a point fait la guerre à son roi, il ne l'a point assiégé dans son palais, il ne l'a point traîné dans une prison, il n'a point accepté l'odieuse commission d'être le géolier de son souverain. Washington a défendu sa patrie contre des brigands venus de quinze cents lieues pour égorger les infortunés Américains : contre des soldats qui faisoient la guerre avec autant de férocité que les scélérats soudoyés par nos démagogues.

Ici c'est un peuple qui attaque son roi, qui brise son sceptre et renverse son trône. En vain ce prince généreux leur crie, que voulez-vous de moi, ai-je refusé de vous entendre, ne vous-ai-je pas tout accordé ? On ne l'écoute

poiut , on massacre ses gardes , on attente à
la vie de son auguste épouse , et enfin on
les entraîne l'un et l'autre dans une prison
où l'on oblige l'infortuné souverain de signer
tous les jours des loix flétrissantes pour lui
et désastreuses pour son empire.... et le vil
exécuteur des ordres d'un peuple rebelle et
féroce , oseroit se comparer à Washington ?
ah ! si le roi d'Angleterre s'étoit présenté lui-
même aux Américains ; s'il fut entré dans une
de leurs villes comme Louis XVI est venu à
Paris , sans garde et sans un seul homme
armé , s'il eut parlé comme le bon Louis XVI
a parlé aux Parisiens, la paix auroit été rétablie
Washington auroit mis bas les armes , il seroit tombé anx genoux de son roi ; mille cris
de joie et de bénédiction se seroient fait entendre , et le roi d'Angleterre auroit reconquis
le cœur de ses anciens sujets.

Qu'a produit parmi nous cette démarche
paternelle ? toutes les horreurs dont je viens
de crayonner l'effrayant tableau. Résolus de
lasser la patience du roi ou de le rendre
odieux , les conspirateurs ont redoublé d'activité et multiplié leurs impostures. Le duc
d'Orléans achetoit des partisans. Le ministre

genevois tâchoit de faire révolter le peuple en le menaçant continuellement d'une famine, et le commandant des Parisiens découvroit tous les jours quelque nouveau complot de contre-révolution imaginaire.

L'infortuné Favras a été la victime de ces supercheries barbares. Ses projets sont encore un problême, le châtelet ne trouvoit point de preuves suffissantes pour le condamner; le général des Parisiens a eu la bassesse de solliciter sa sentence, d'épouvanter les juges sur leur tribunal et de les forcer par la terreur à trahir leur conscience. Le sang de Favras a rejailli sur son assassin, il lui a imprimé une tache indélebile, il crie vengeance, et il est déjà vengé en partie si le cœur de la Fayette n'est point inaccessible à la honte et aux remords.

Contemple jeune insensé où t'a conduit une aveugle ambition dépourvue des grands talens qui peuvent la servir, qu'as - tu gagné en trahissant ta patrie et ton roi? Méprisé de tous les bons françois, suspect aux factieux que tu sers bassement, et dont l'insolence t'avertit tous les jours qu'un traitre n'a point de confiance à espérer; en vain tu as fait à ta vanité le sacrifice de l'honneur, ta médiocrité se fait toujours sentir à travers ta prudence.

M. de la Fayette a rarement parlé dans l'assemblée des états-généraux; mais le peu de mots qu'il a prononcé ont été funestes à la France. C'est lui qui a demandé la rédaction des droits de l'homme et du citoyen; c'est lui qui a débité cette maxime atroce, -- *que l'insurrection du peuple est le plus saint de ses devoirs.*

Les châteaux brûlés, les meurtres commis, les refus de payer les impôts, l'anarchie et toutes les calamités qui l'accompagnent, sont les effets de ce précepte sanguinaire, et M. de la Fayette ne put avoir d'autre dessein que de les encourager. Comment allier ce dessein exécrable avec sa philantropie? Peut-on regarder comme l'ami des hommes, celui qui provoque les meurtres et les incendies? M. de la Fayette est loin d'être un génie; mais il n'est point assez borné pour ne pas savoir qu'un peuple révolté ne s'en tient pas à la résistance, qu'il attaque, détruit, massacre et porte la férocité à un excès qui feroit frémir les scélérats

dans des temps plus paisibles. Il suffit d'a-
voir lu l'histoire, pour être convaincu de
cette triste vérité.

Il est possible, il est même probable que
les manœuvres infernales qu'on a employées
auroient réussi à soulever le peuple, sans le
secours du détestable mandement de M. de
la Fayette ; mais il n'en est pas moins vrai
qu'il a approuvé toutes ces horreurs, et
que sa sombre hypocrisie a entrepris de les
légitimer.

En suivant la conduite de M. de la Fayette
depuis qu'il commande la garde de Paris,
nous le verrons presqu'exclusivement occupé
d'exercices, de revues, de cérémonies,
avide, enfin, de jouir avec ostentation du
spectacle de sa puissance. Il arrive toujours
le premier, lorsqu'il n'est question que de
représenter ; mais a-t-il le même empresse-
ment, lorsqu'il faut prévenir ou arrêter le
désordre ?

Rappellons-nous ce malheureux boulanger
livré à la populace, en sortant de l'hôtel-de-
ville. Pourquoi cette condescendance, puis-
que ce citoyen n'étoit point reconnu cou-

pable ? Pourquoi le livrer à ces tigres affamés de forfaits ? Pourquoi souffrir qu'on portât sa tête au bout d'une pique dans toutes les rues de la ville, et qu'on traînât son corps mutilé dans les égoûts ? J'ai vu sa tête faire trois fois le tour du jardin du palais-royal ; une vingtaine de brigands, tout au plus, et la plupart, des enfans sans armes, formoient le cortège sanguinaire. Il y a un corps-de-garde dans la cour du palais-royal, il étoit plus que suffisant pour arracher cette tête sanglante des mains des brigands, et dissiper leur horde barbare. On les a laissé passer paisiblement, et les scélérats ont eu le temps de se repaître un jour entier de cet odieux spectacle. N'est-il pas évident que M. de la Fayette qui commandoit trente mille hommes, encourageoit ces scènes d'horreur, puisqu'il souffroit qu'elles eussent leur cours exécrable ? Par-tout où il falloit prévenir le désordre ou le crime, M. de la Fayette, avant de paroître, a laissé le temps de les exécuter.

Rappellons-nous, les affreuses journées des 5 et 6 octobre qui précèdent le meurtre du malheureux boulanger ; nous verrons mon héros jouer le même rôle. Depuis plus d'un mois on annonçoit tous les jours que les Parisiens viendroient incessamment assiéger Versailles. Ils n'y pensoient pas alors, et ce n'est qu'à force de motions au palais-royal, qu'on parvint à les y déterminer. Mais on vouloit effrayer Louis XVI, et pour le convaincre de la réalité du danger, M. de la Fayette fit placer des canons et une forte garde sur le pont de Sève.

Cette pasquinade ne dura que jusqu'au moment où la précaution devenoit nécessaire. Dès que les Parisiens furent bien échauffés, leur général fit retirer la garde et les canons, et le passage fut libre. Il promit toutefois d'avertir le roi six heures d'avance, si les Parisiens se portoient sur Versailles. Il ne tint point sa parole, et lorsque les hommes déguisés en femmes arrivoient, le roi trop confiant étoit à la chasse, et couroit par conséquent de très-grands dangers.

Pourquoi M. de la Fayette disposant de trente mille hommes armés, laissa-t-il partir douze ou quinze-cents brigands pour Versailles sans essayer de s'y opposer, et sans dépécher un courier qui les auroit devancés de plus de trois heures? pourquoi souffroit-il paisiblement toutes les vexations ; toutes les violences que cette horde infernale fit essuyer à des femmes de tous les rangs et de tous les états ?

M. de la Fayette laissa partir les brigands pour avoir un prétexte de conduire son armée au secours de Versailles ; mais les premiers brigands arrivèrent à trois heures et demie du soir, et M. de la Fayette n'arriva qu'à onze heures. Les brigands n'entreprirent rien contre le château jusqu'à l'arrivée de l'armée parisisienne. Ils l'attendoient avec impatience, et plusieurs d'entr'eux dirent tout haut, *les Parisiens ne viennent pas ; nous sommes perdus.*

L'armée venoit donc pour les appuyer et non pas pour défendre le roi et son auguste famille. Elle arriva vers le minuit. M. de la Fayette monta seul au château, il parla au roi, il parla au peuple, et déclara que tout étoit calmé, qu'on pouvoit être tranquille. Il engagea le roi à se coucher. Il monta chez le dauphin, il trouva M. de Saint-Aulaire, officier des gardes-du-corps qui veilloit dans son antichambre. M. de la Fayette l'assura qu'il n'y avoit plus de danger , il le pressa de se retirer et après avoir fait d'inutiles efforts pour vaincre ce sujet fidèle , il se retira et fut tranquillement se coucher dans son lit sans avoir pris aucune précaution pour fermer les entrées du château à la foule de scélérats qui remplissoit Versailles.

Cependant les malédictions contre la famille royale qu'il avoit entendu proférer à cette canaille , et le discours atroce que lui avoit tenu en partant un grenadier ne permettoient pas de douter des crimes qu'on vouloit commettre. Ce grenadier lui avoit dit en jurant , *qu'il étoit temps de changer de roi.* En effet , peu de temps après son départ les gardes du corps en faction sur la voute et à la grille de la cour de marbre furent massacrés. Les brigands montoient en foule l'escalier qui conduit à l'appartement de la reine. Ils égorgèrent les gardes qui défendoient sa porte , et cette princesse aussi grande qu'infortunée , échappa difficilement au même sort.

Tandis que les enfans perdus de l'armée parisienne se baignoient dans le sang , que faisoit leur général ? il dormoit......Si les

grenadiers des ci-devant gardes françoises
eussent dormi comme lui ou pensé comme
celui dont M. de la Fayette auroit du se rappeller l'horrible sentence! si, dis-je, ces braves
gens ne s'étoient heureusement souvenu qu'ils
sont François, et qu'un François doit sacri-
fier sa vie pour sauver son roi, Louis XVI,
son auguste épouse, et l'infortuné Dauphin
auroient été rayés de la liste des vivans. Il
arriva enfin ce général, et crut pallier sa faute
ou sa perfidie, en sauvant quelques gardes-
du corps, environnés de leurs lâches et féroces assasins.

Et c'est ce la Fayette qui, dans les momens
du plus grand calme, répète tous les jours
à ses soldats qu'il ne faut point s'endormir
dans la sécurité, qu'il faut toujours prendre
les plus grandes précautions, qu'il faut toujours craindre par ce que la méfiance est la
mère de la sûreté; c'est ce même la Fayette
qui répond de tout à Versailles au milieu des
brigands dont il n ignore pas les féroces dispositions.

C'est ce même la Fayette qui néglige toutes
les précautions, qui engage à n'en point
prendre, et qui va tranquillement se coucher

dans son lit. Son honneur, son devoir, tout ne lui faisoit-il pas une nécessité de veiller toute la nuit dans l'appartement du roi et d'avoir dans l'Oeil-de-Bœuf et dans la galerie de forts détachemens, sur lesquels il put compter?

Personne ne doute aujourd'hui, que les scélérats qui vouloient immoler la reine ne fussent à la solde du duc d'Orléans. Ils auroient été insuffisans pour cette expédition sacrilège, si le duc n'eût pas pas été sûr du secours de l'armée parisienne, et si le général n'eut pas été du complot; pourquoi les brigands attendirent-ils si impatiemment son arrivée pour commencer leur horrible boucherie? Enfin, dans une occasion où le danger étoit évident, la retraite et la négligence du général autorisent à le soupçonner de complicité. Circonspect et méfiant par caractère, il auroit dû veiller lui-même, et multiplier les précautions qu'il employe en profusion lorsqu'elles ne sont pas nécessaires. Il ne se contenta pas de n'en point prendre, mais il engagea les autres à s'en abstenir.

Le crime est presqu'évident et la tache

indélébile. La Fayette n'a ni l'intrépidité du crime, ni celle de la vertu. On peut croire qu'il s'éloigna pour ne point assister à l'horrible tragédie, et pour éviter, peut-être, les dangers qu'il pouvoit personnellement courir; car c'est la première punition des traîtres, de se méfier les uns des autres.

Le pillage de l'hôtel de Castries, vient de nous offrir eucore un exemple de l'hypocrisie de M. de la Fayette; dans cette occasion, il a sacrifié son devoir à sa popularité, et n'a paru, à son ordinaire, qu'après avoir laissé aux brigands le loisir d'exercer leurs ravages (1).

Depuis cet événement, on a expédié à la

---

(1) On avoit fait la veille, à l'assemblée des jacobins, la motion, ou plutôt, formé le projet de piller l'hôtel de Castries, et il étoit fort aisé d'y envoyer des soldats avec du canon qu'on traîne si ridiculement en montant et descendant des gardes paisibles. Trente mille Parisiens ne sont donc armés que pour vexer une parti de leurs concitoyens, et non pas pour maintenir l'ordre et défendre les propriétés.

ville environ dix ou douze mille passeports; c'est-à-dire que trente ou quarante mille citoyens sont sortis de la capitale, pour aller chercher la sécurité hors du royaume. Quelle confiance doit-on avoir dans les trente mille gardes parisiennes, si elles ne peuvent ni prévenir ni arrêter le désordre et la violence? Je rends toutefois justice aux Parisiens. J'ai entendu un grand uombre de gardes nationales déclamer avec amertume contre l'indécente conduite de leur général, dont la perfidie ou la lâcheté les déshonore et ruine leur ville, en faisant fuir les citoyens opulens, dans un moment où leurs secours sont si nécessaires à la classe indigente.

J'ajouterai aux réflexions que je viens de faire sur la conduite de M. de la Fayette, les preuves que j'ai annoncées dans le cours de cet ouvrage, c'est-à-dire, la fin de celui dont j'ai déjà donné un extrait.

Après avoir achevé de démontrer les crimes de M. Necker et sa complicité avec le duc d'Orléans et avec M. de la Fayette, il ajoute, en parlant du dernier :

(63)

« Il me reste cependant à vous présenter
» une dernière preuve plus forte que toutes
» celles que je viens de vous offrir.

» Peu de jours après l'attentat du 6 oc-
» tobre, voyant le roi sauvé et ses complots
» avortés, s'appercevant que le peuple reve-
» noit aux sentimens qui lui sont naturels,
» à cet amour pour le roi, qui caractérisa
» toujours les François ; et redoutant le sup-
» plice dont il étoit menacé, si son crime
» étoit découvert, le marquis de la Fayette
» résolut d'écarter loin de lui les soupçons
» et le danger, en les rejettant sur son com-
» plice. Il alla lui-même dénoncer au roi le
» duc d'Orléans, qui fut obligé de partir
» aussitôt pour l'Angleterre. Ce fait a été
» publié et personne ne l'ignore (1) ».

____

(1) Il y a lieu de croire que M. de la Fayette s'est
servi pour éloigner le duc d'Orléans du prétexte
que sa vie étoit menacée à Paris, et nous n'en pou-
vons pas douter si nous considérons la rapidité avec
laquelle le timide Philippe a pris la fuite, sans attendre
seulement son passeport. Il a envoyé un aide-de-camp
à Londres pour renouveller l'effroi du duc d'Orléans,
qui n'a plus été sa dupe. La conduite mystérieuse de
toute cette affaire ressemble beaucoup à de la dupli-

« Eh bien! ce même la Fayette dépouillant
» enfin le masque qu'il avoit conservé jus-
» qu'ici, s'est reconcilié, depuis quelques
» temps avec celui qu'il avoit accusé du plus
» grand des forfaits, et a été plusieurs fois
» dîner au Raiuey. Ce rapprochement dé
» deux hommes qui devoient être à jamais
» l'ennemi mortel l'un de l'autre, cette liai-
» son monstrueuse de l'accusateur et de l'ac-
» cusateur, n'est-elle pas la preuve la plus
» évidente de leur complicité? »

Cette étrange réconciliation n'ajoute rien
aux preuves que j'ai présentées à mes lecteurs,
relativement à l'ancienne complicité de M. de
la Fayette; mais elle annonce un homme
qui lève le masque et brave l'opinion publique.
Sa réconciliation avec le duc d'Orléans a été
précédée d'un traité de paix avec M. de
Lameth, et c'est probablement pour en prouver
la sincérité qu'il a laissé piller l'hôtel de
Castries.

---

cité. M. de la Fayette dénonce le duc au roi, et
avec celui-ci, il prend un détour, il lui dit que sa
vie est en danger; ces étranges ménagemens ont fait
grand tort à la réputation du général des Parisiens.

Il seroit possible toutefois que cette monstrueuse coalition fut motivée sur la crainte
qu'a eu M. de la Fayette d'être dénoncé à
son tour par le duc d'Orléans. On annonçoit
un mémoire de ce prince qui inculperoit
violemment le général; ce mémoire n'a point
paru ; mais la faction orléanoise doit être,
satisfaite, si son dessein étoit d'avilir et de
perdre M. de la Fayette : elle y a si complè-
tement réussi, qu'il ne lui reste pas un seul
partisan, à l'exception d'un petit nombre
de gardes nationales ; et dans quelque parti
qu'il se jette à l'avenir, il n'en obtiendra jamais
la confiance.

J'ai promis d'écrire impartialement la vie de
M. de la Fayette, et je crois avoir rempli mon
engagement. J'ai respecté sa vie privée, et
si dans l'examen de sa vie publique je l'ai for-
tement inculpé, c'est en citant les faits. Si
j'ai commis des erreurs, elles sont involon-
taires, et mes lecteurs pourront les rectifier.
Quoiqu'il en soit, je proteste avec vérité que
j'aurois été mille fois plus satisfait de pouvoir
déclarer M. de la Fayette innocent et vertueux. Dans cette crise funeste où de tel côté
que l'on porte ses regards, on n'apperçoit que

E

des hommes corrompus ou pervers ; il m'eut été doux de rencontrer un chevalier françois, mais il n'en existe plus. Leurs noms subsistent, leur courage et leurs vertus sont anéantis. Descendans des Crillons, des Montmorenci, et de tant d'autres guerriers illustres, est-ce bien vous qui trahissez votre patrie et votre roi ? Si du moins dans notre situation affreuse nous pouvions dire comme François Ier, de glorieuse mémoire, *tout est perdu hors l'honneur*, il nous resteroit encore de l'espoir ; mais l'honneur, autrefois si cher aux François, l'honneur n'existe plus parmi nous, et notre empire est anéanti sans retour.

M. de la Fayette vient de combler l'ignominie de son souverain, en le forçant de choisir pour ministres deux hommes qui n'ont d'autre mérite connu, que leur obscurité. L'un est un avocat, inconnu même au palais, et l'autre un maître de réquéte presqu'aussi ignoré que son collègue.

Ne suffisoit-il pas d'avoir dégradé le roi en le dépouillant de toute son autorité, et n'est-ce pas pousser l'inhumanité au dernier excès que d'écarter de lui tous les anciens serviteurs dont la vue lui dissimuloit peut-être un peu l'horreur de sa situation, et de l'environner d'hommes inconnus et obscurs, dont la présence lui rappellera sans cesse qu'il n'est plus que l'instrument passif de ses tyrans implacaples.

C'est en effrayant ce prince foible et infortuné, que M. de la Fayette parvient à le commander en maître, et à le forcer, comme l'a dit un Lameth, de *faire le mort*. Ce qui vient de se passer, ce qui se passe encore en France, prouve bien évidemment qu'il est beaucoup plus dangereux pour un royaume vaste d'avoir un roi foible qu'un roi méchant. Un prince redouté maintient dans le devoir tous ceux qui l'environnent ; son inflexibilité est la sauve-garde du reste de ses sujets, et sa colère toujours suivie de la vengeance, retient dans l'inaction l'ambitieuse activité des hommes pervers. Sous un roi bon mais foible, les méchans sont délivrés de la crainte, le seul frein qui puisse les arrêter. Les factieux croient pouvoir tout oser. L'avarice et l'envie tiennent impunémeut leurs détestables conseils.

M. de la Fayette, également suspect à tous

les partis, sera bientôt probablement réduit à l'obscurité dont il n'auroit jamais dû sortir. La chûte de M. Necker a dû l'en avertir. Il a imité la conduite tortueuse du banquier de Genève, et il éprouvera le même sort. Tel sera toujours celui des petits hommes qui entreprendront de jouer un grand rôle, parce qu'ils ne peuvent être portés sur la scène que dans des temps de trouble et de confusion, dans des circonstances malheureuses et difficiles qui exigent du génie et un grand caractère. M. de la Fayette a autant de vanité que son ami Necker avoit d'orgueil. Le banquier de Genève se montroit hautain, dur et insolent, parce qu'il se croyoit sincérement un grand homme. Le général des Parisiens s'envéloppe d'un extérieur de modestie silencieuse pour ne pas trahir son incapacité, qu'il est souvent contraint de s'avouer à lui-même. Egalement ambitieux l'un et l'autre, et n'ayant ni plan décidé, ni principes, ni caractère, ils ont long-temps mis en défaut l'opinion du public qui cherchoit en vain à deviner les motifs de leur conduite incertaine et souvent inexplicable.

Ces deux hommes ont été soutenus quel-

que temps par la réunion du parti d'Orléans.
La chûte de celui-ci les a laissés à découvert. Mécontens les uns des autres ; ils se
sont cependant toujours ménagés, pour éviter de mettre le public dans leur confidence (1).

---

(1) M. de la Fayette vient de nous donner une nouvelle preuve de son charlatanisme. Une vingtaine d'écoliers s'amusoient lundi dernier au champ-de-mars, et il étoit possible que dans leurs jeux ils dégradassent le sublime autel de la patrie ; mais il répugne au bon sens de croire qu'ils se proposoient de le démolir, car deux cens hommes n'y parviendroient pas dans une journée, et ils ne pouvoient pas douter qu'on les interromproit daus leur entreprise. M. de la Fayette, pour donner de l'éclat à son zèle patriotique, a rassemblé environ quatre mille hommes armés, avec du canon pour assaillir une vingtaine d'écoliers qui auroient eu tout le temps de s'enfuir s'ils s'étoient crus coupables. Les quatre mille hommes ont saisi bravement sept ou huit enfans, et le général est revenu fastueusement à la tête de ses troupes victorieuses conduire les polissons à l'hôtel-de-ville. On a publié le lendemain la relation de l'attentat et de la victoire. Pauvre peuple, combien ceux qui comptent sur de si misérables moyens, pour t'abuser, te méprisent !